U0550493

大唐女子圖鑑

WOMEN IN THE TANG DYNASTY

張昕玥 編繪

好讀出版

前言

記一場基於史實合理想像的現代藝術創作

唐朝，華夏文明悠久歷史長河中一個瑰麗璀璨的王朝，對中國乃至世界都具有強大的影響力，許多人沉醉於它恢宏大氣、開放包容的氣質，其中也包括我。對唐代歷史文化的濃厚興趣，正是我創作這一主題繪畫作品的原動力，而從小對傳統工筆仕女繪畫題材的喜愛，以及對專業服裝設計與服裝結構的理解，則是我繪畫創作的基石。

其實早在十年前，我就受到陳詩宇先生所做的「中國裝束」系列唐代復原造型，以及後來他與王非先生共同創作的「大唐衣冠圖志」系列圖文的影響，開始以一種全新的視角思考歷史上真實的唐代服飾是什麼樣子的。那時我就像個門外漢，卻又忍不住時常伸首向門內窺探。直到二〇一七年我辭去服裝設計師的工作，開始全身心投入繪畫創作，我才真正開始系統地瞭解與學習相關知識。二〇一八年年末，「大唐女子圖鑑」系列繪畫作品作為我自己對唐代女性造型的學習筆記，陸續公開發佈在社交網絡平台上。自「連載」之日起，我彷彿正式推開了那扇通向一段繁盛時代的歷史的大門，霎時間看見門內光華萬千，耀眼奪目。全書以唐代女性形象為主題，探索了現代繪畫技法在傳統仕女題材創作中的運用，而其中瑰麗多變的女性形象也是一面映照大唐王朝興衰變遷的寶鑑。

創作一本書並不像我想像的那樣容易，這個過程讓我看見了自己的野心與局限。

我認為，《大唐女子圖鑑》是基於史實合理想像的現代藝術創作，這本書的創作目標是盡可能做到兼具準確性與藝術性。準確性是指注重細節，盡可能貼近歷史資料中可見的唐代人物造型；藝術性則是指在主題的基礎上創作出具有個人風格的現代繪畫作品。兩者結合，不論是對歷史感興趣的讀者，還是對繪畫感興趣的讀者，都能從這本書中獲得樂趣。我雖然擅長在細處下功夫，但通過不斷練習與思考，再反觀過去的畫稿，我看見了自己專業知識的不足、繪畫技法的不成熟與心境的浮躁。否定過去的自己是痛苦的，卻也是前進的必經之路。從二〇二一年起，我用了兩年時間對已完成的畫稿進行了重新審視和刪改，通過更進一步的資料閱讀與學習，我更清楚地看出了之前作品中的問題與不足。知識的累積永無止境，繪畫者對畫面表達的追求也沒有終點，雖然仍有浮躁與不安，但我拚盡全力交出一個階段性的成果，這也是我下一段創作旅程的起點。

經歷數載寒暑，我用手中的畫筆將這些年的所學所感寄託於千姿百態的女性形象之上，終於將這本《大唐女子圖鑑》呈現在讀者面前。也許，我真的在那扇門裡前進了一小步。

這百餘張圖，兩百多位唐代女性形象，只是我心中大唐圖景的一角，也願這本圖冊能為你心中的大唐塗上一筆別樣的色彩。

張昕玥

XINYUE.

目錄

卷一 大唐女子的時尚變遷圖鑑

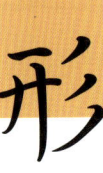

形

初唐與武周

盛唐

中唐

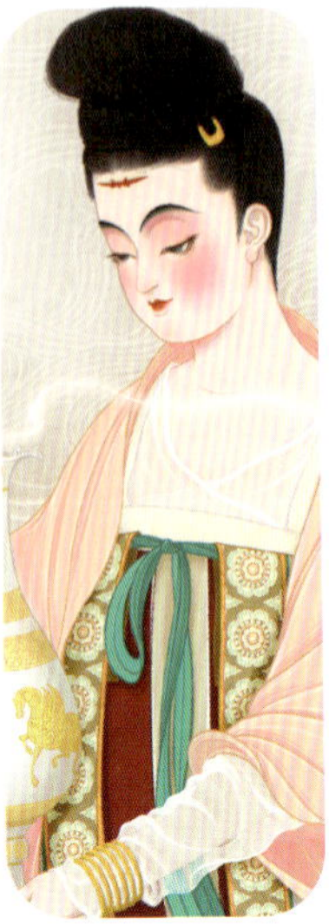

初唐

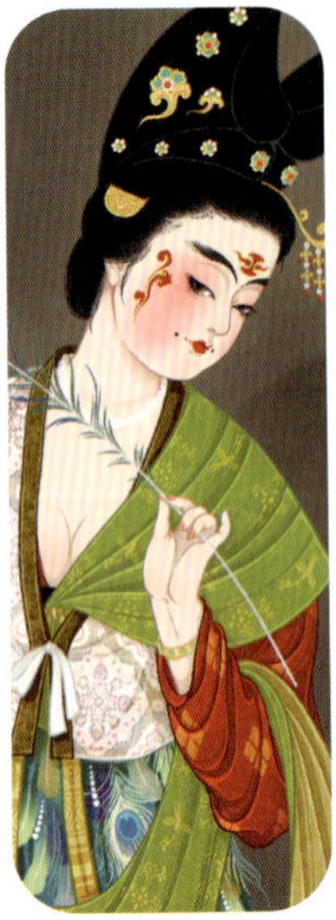

武周

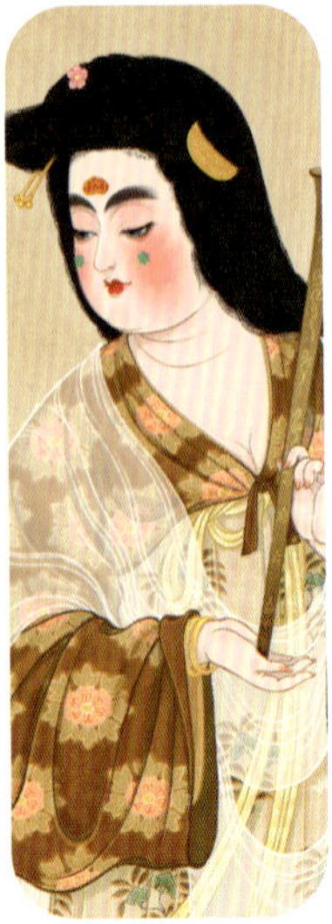

盛唐

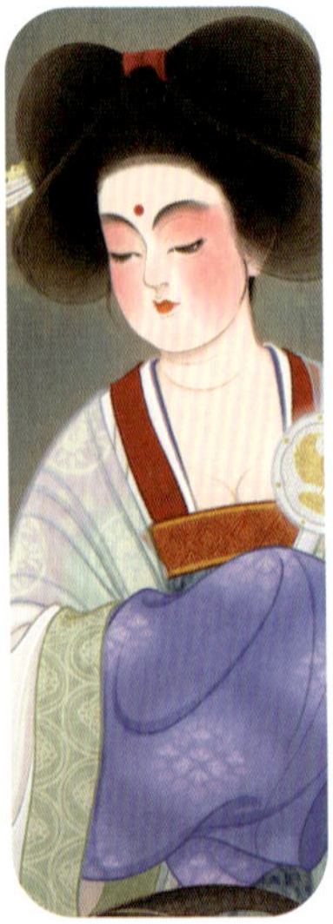

中唐

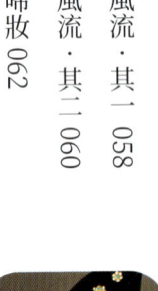

晚唐

五代

盛裝

男裝

晚唐至五代十國

盛裝

男裝與胡服

卷二
大唐女子的生活娛樂圖鑑
遊

出行

遊樂

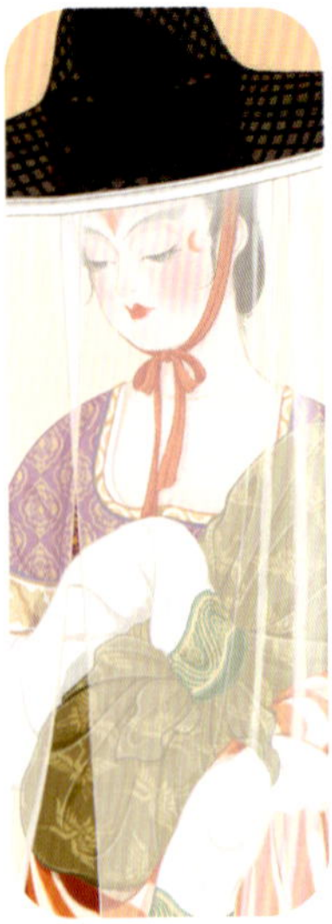
出行

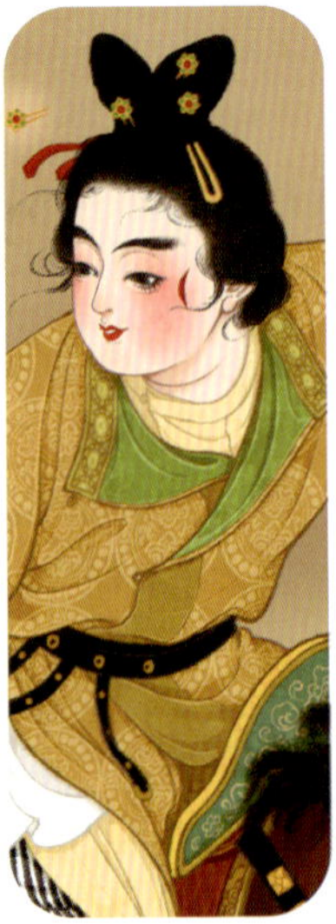
遊樂

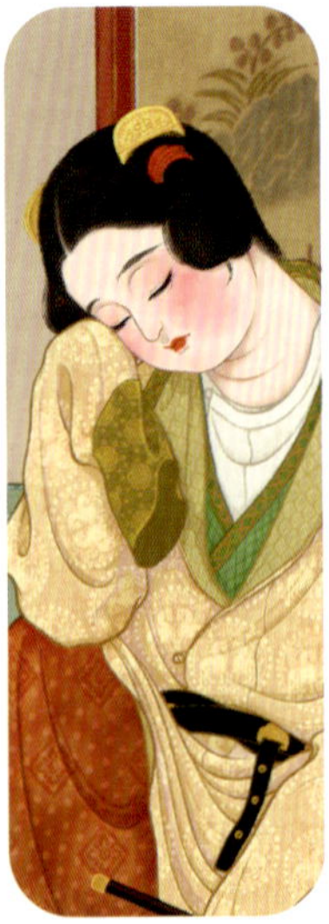
飲饌

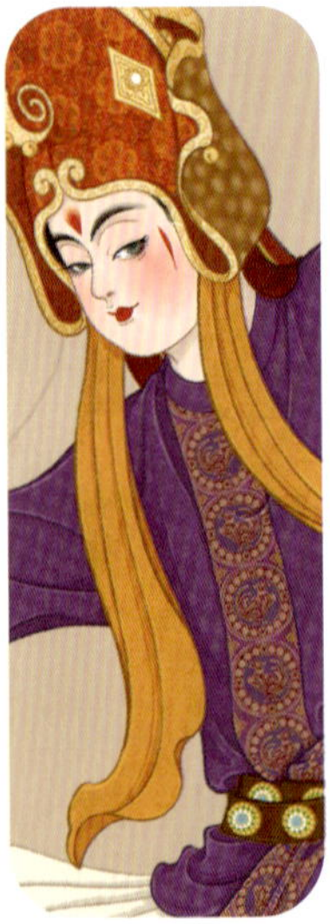
樂舞

飲饌

樂舞

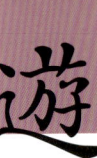

卷三 大唐女子的傳奇故事圖鑑

夢

女冠

華清池

香囊仍在

比丘尼

附錄

大唐女子的時尚變遷圖鑑

卷一

形

初唐與武周

窄衣纖裳

大唐開國，女子仍承襲隋朝的服飾風尚，喜好穿緊窄纖長的衣裙。短身窄袖的上衣壓於裙下，背帶長裙在胸前高高束起，裙片採單色或多色窄布條拼縫而成，裙條的色彩也多採用紅綠、紅白等大膽的撞色。整體造型纖細婀娜，凸顯初唐女子身姿輕盈，著裝簡約。

高髻半翻·其一

隋朝時期，女性的髮髻已多種多樣，有形如捲曲荷葉的「翻荷髻」，有綰髮平坐於頭頂的「坐愁髻」，有形如片狀雲朵的「朝雲髻」等。唐貞觀年間，後宮中又衍生出將「翻荷髻」體積收縮的「半翻髻」，形如長安城中高地「樂遊原」一般高聳的「樂遊髻」。

XIN YUE

丫髻少女

十五歲及笄前的少女，常梳「丫髻」。頭髮從中間分開兩份，於頭頂分別集束成髻或鬟，梳好後形狀就像丫杈，故而得名。頭梳丫髻的少女也是出土的初唐墓葬壁畫中常見的侍女形象。

柳眉桃面

初唐女子的妝面以淡雅為尚，繪柳葉長眉，以胭脂在兩頰薄薄暈染，稱作「桃花妝」。除了妝面仿效桃花的粉暈，當時的女子還效仿一種源於北朝時期的風俗，將春日採摘的桃花浸泡於雪水之中，然後用此水潔面，以祈願容顏如花勝雪。

隨著唐朝國力的提升，高宗朝的女子時裝變得華麗起來。當時流行的間色裙，裙條變得極細，一件裙裝由十幾甚至幾十條細窄的裙片拼接而成，製作極為費工費時。女子服飾的奢靡之風也引來了朝廷關注。高宗特意在詔書中對穿著這類華服加以申斥，力倡節儉，以武皇后日常穿著的簡單裙裝為女子著裝的榜樣。

花間衣裙・其二

雙鬟望仙·其一

女子的髮髻越梳越高，便產生了各類新巧的樣式。其中以簪釵將髮縷高高挑起形成雙鬟，形如畫中仙子的髮髻，被稱作「雙鬟望仙髻」。之後更是出現了以漆塗黑的木質雙鬟假髻，即「漆鬟髻」，女子直接戴假髻於頭頂，即可便捷地製作出「雙鬟望仙髻」。

雙鬟望仙・其二

珠玉錦繡·其一

XIN YUE

珠玉錦繡・其二

XIN YUE

珠玉錦繡・其三

武則天稱帝後，女性變得更為開放自信，崇尚英武的氣質和頎長挺拔的身形。她們採用華麗的錦緞來裁製新衣，著裝大膽張揚。上衣領口開得很低，使酥胸半露；上身另罩一件紋樣華麗的織錦「背子」[1]；裙裝的腰線上移至胸下高腰處；寬大帔帛的一端被掖入領口或裙腰，另一端繞肩一周後用手裹於胸前，這便是武周女子最具代表性的衣裝造型。

[1] 背子：短袖或無袖的直領對襟上衣。

紅粉玉颜

為了與華麗的衣裙相配，女子面上的妝容一改舊日的清淡素雅風格。她們濃畫雙眉，眉頭收尖，眉尾自然暈開；底妝素白，再於面頰上厚施紅粉；額間花鈿與臉畔斜紅常畫得大而誇張，色澤豔麗，花樣張揚。

百鳥毛裙

神龍政變後，女皇退位，但這並沒有磨滅大唐女子的「野心」，中宗之女安樂公主引領著大唐女子新一輪的時尚潮流。安樂公主曾吩咐宮中巧匠以百鳥羽毛織成兩條「百鳥毛裙」，一條自用，一條獻於皇后韋氏。《新唐書・五行志》中形容此裙「正視為一色，傍視為一色，日中為一色，影中為一色，而百鳥之狀皆見」，可見其綺麗非凡。

義髻驚鵠

貴族女子常用簪釵將事先做好造型，加上各種金銀花鈿裝飾的「義髻」[1]戴在真髮之上。當時流行的假髻，形態猶如飛鳥受驚時掠起的翅膀，因此得名「驚鵠髻」，可作單翅佩戴，也可對稱成雙佩戴。因不必用太多真髮梳成髻，髮量有了餘裕，女子便改在鬢髮上做出花樣，將兩鬢梳成輕薄隆起的樣子，時人稱其為「蟬鬢」。

[1] 義髻：假髮髻，用金屬絲造型後盤結真髮編織而成，也有的用薄木造型後塗黑漆製成。

盛唐

隨著女主臨朝的餘波徹底消失，勵精圖治的玄宗為倡導節儉而頒布禁奢令，女性華麗奢侈的衣飾便首當其衝。大唐女子的衣裝造型從明豔張揚的外放樣式逐漸轉向內斂，奢華奪目的織錦背子、彩條間裙，都被藏在了素色的衫裙之下，只隱隱露出一些邊角輪廓。

隱去鋒芒·其二

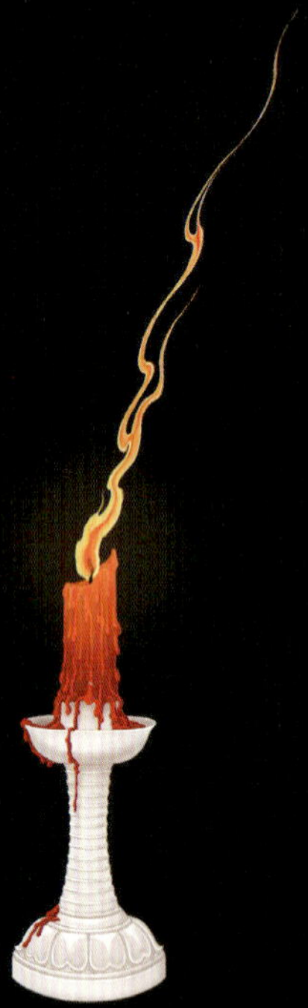

倭墮新梳

從武周時期發展而來的「蟬鬢」，在開元年間被女子們向外梳掠得愈加寬且蓬鬆起來。腦後的頭髮越垂越低，日常的髮髻多在頭頂結作垂墮的小髻，低調質樸，稱作「倭墮髻」。後來，女性的真髮都用在梳鬢和垂髮上，額頂的小髻也另用假髻代替了。

過去華麗大膽的妝容在開元前期也有所收斂。妝容的整體風格轉向輕巧秀麗，眼畔薄薄暈染胭脂，面上的花鈿、斜紅也變得小巧精緻起來。當時還出現了一種新式妝樣，在染上胭脂的臉頰上再用素粉點畫花樣，稱作「淚妝」。

XIN YUE

豐腴之美·其一

XIN
YUE

豐腴之美·其二

今人熟知的唐朝「以胖為美」的風尚，正是在盛唐時期形成的。

隨著唐代製糖技術的發展，喜吃甜食的大唐貴族女子的身材愈發豐滿。她們的上衣寬博，只在衣袖處收窄，內搭硬挺的背子，故意讓肩膀誇張地向外支稜起來；裙裝也一改初唐時纖細的樣式，多是整幅拼接加褶的款式；圍在胸前的帔帛變得薄透窄長，又有「領巾」之名，行走時隨風飄動，襯托出女子儀態婀娜。

玄宗統治下的大唐迎來盛世，到了天寶時期，禁奢令已形同虛設。追求時尚的大唐女子也開始尋找禁奢令之外的替代品，衣飾的奢侈程度相較前代更有增無減。在面料上繪畫、印染的工藝隨之大行其道，使用金銀線刺繡、金銀泥勾描各類繁麗花樣的鮮豔衣裙成為貴族女子的新寵。一種源於秦漢時期的傳統雕版鏤空防染印花工藝——「夾纈」，也在盛唐時期得以復興和發展。

XIN
YUE

濃淡皆宜

盛唐女子既可以如「卻嫌脂粉污顏色，淡掃蛾眉朝至尊」的虢國夫人一般粉黛不施，也可以闊眉濃妝，將各色小花形狀的面靨貼得滿臉。但總體而言，她們日漸豐盈的面龐還是需要濃豔的胭脂和精巧的花靨來裝飾，才顯得更加雍容。

義髻黃衫

天寶四載（公元七四五年），深得玄宗寵愛的楊太真終於成為貴妃，也成了萬千大唐女子競相追隨的時尚偶像。傳說楊貴妃喜愛在頭上佩戴高大的義髻，穿著黃裙。還有傳說，將髮髻斜綰在頭頂一側的「偏梳髻」也是由楊貴妃所創。這些造型均引來天下女子爭相效仿。可好景不長，隨著安史之亂的爆發，楊貴妃在馬嵬坡香消玉殞，她生前所引領的時尚潮流也被後人認作引發戰亂的不吉徵兆。

中唐

曾酷愛胡風的唐人在歷經安史之亂後，認為胡服的流行不僅是戰亂的徵兆，更是引起戰亂的原因之一，視穿胡服為「服妖」。緊窄合身的胡服熱度驟然退去，中原文化中寬衣博帶的衣裝傳統重新回歸。衣袖、裙裾重新變得寬大，不再採用西域風格強烈的紋樣，更為寫實且富麗繁冗的花草鳥蟲圖樣成為新的流行紋樣。

中唐時期，女子仍以修飾鬢髮為梳頭的重點。區別於盛唐時兩鬢中空、蓬鬆隆起的式樣，這時的「蟬鬢」呈現出向外擴展、豎立的單層薄片狀。隨著時間的推移，這樣的鬢髮也變得愈發突出和誇張起來。長安城中流行一種將髮髻傾斜綰在一側的髮式，名為「墮馬髻」。

墮髻風流·其二

起初，「墮馬髻」還以真髮梳就，傾垂在頭頂一側，呈小鬟狀。發展到後期，女子開始使用大片的假髻直接傾倒在頭頂，或多個假髻組合、重複堆疊，樣式誇張，別名為「鬧掃髻」。

愁眉啼妝

安史之亂後，女子的妝容不再如盛唐時那般氣象萬千，面施淡粉薄妝，額貼小小花鈿，成為當時的主流。這樣內斂的化妝風格持續了數十年。直到德宗貞元年間，一些標新立異的詭異妝面開始流行於貴族女性之間，其中以「啼妝」為代表，將雙眉畫作「八」字形，彷彿因悲愁而蹙起。

椎髻血暈·其一

椎髻血暈・其二

憲宗元和末年，女子喜愛梳一種「椎髻圓鬟」式樣的奇特髮型。她們在額頂高梳起尖長的椎形髮髻，其上插滿小梳，又將餘髮在腦後攏作圓鬟。穆宗長慶年間，腦後的圓鬟髮式逐漸發展為多鬟。與之配合的，正是白居易在《時世妝》一詩中所描寫的「烏膏注唇唇似泥，雙眉畫作八字低」的妝面。

椎髻血暈·其三

同時，一種更為詭異的「血暈妝」，也在「啼妝」的基礎之上流行起來。女子用赭色顏料抹臉，在雙目上下畫出三四道紅紫色的長痕，如同血痕一般。這類怪異時尚很可能來自異域，但在中原流行起來，也像是一種盛世即將傾頽的預兆。

椎髻血暈·其四

除了妝容，女子的衣裙也朝著誇張的方向發展。寬闊的上衣不繫在裙內，索性直接披垂在外，因此得名「披衫」。決心改革的文宗皇帝，針對女子逾制且奢侈的服裝也曾頒布禁令。為了使禁令得以順利推行，文宗直接拿皇室宗親開刀。開成四年（公元八三九年）正月十五日夜，文宗在與後宮婦人一同觀燈作樂時，見女兒延安公主的衣裙過於寬大，便立即將她斥退，並以公主衣服逾制為由扣罰駙馬兩個月的賜錢，可見文宗變革的決心。

高髻險妝

與「大袂長裾」相配的髮式、妝容亦顯得頗為奇詭怪異。「出意挑鬟」是指以長釵將頭髮高高挑起，直豎頭頂；「兩重危鬟」是指在臉頰畔撐起兩重寬大的鬟髮；「去眉開額」是指把原本的眉毛剃去，又剃開額際的頭髮讓髮際線上移，使額頭顯得更為寬廣。

這類「高髻險妝」的梳妝樣式同樣也在文宗頒布的禁令之列，但朝廷禁令的推行在宮外卻收效甚微，民間貴婦之間大袖長裙、高髻險妝的「競賽」從未停止。

晚唐至五代十國

包髻麗人

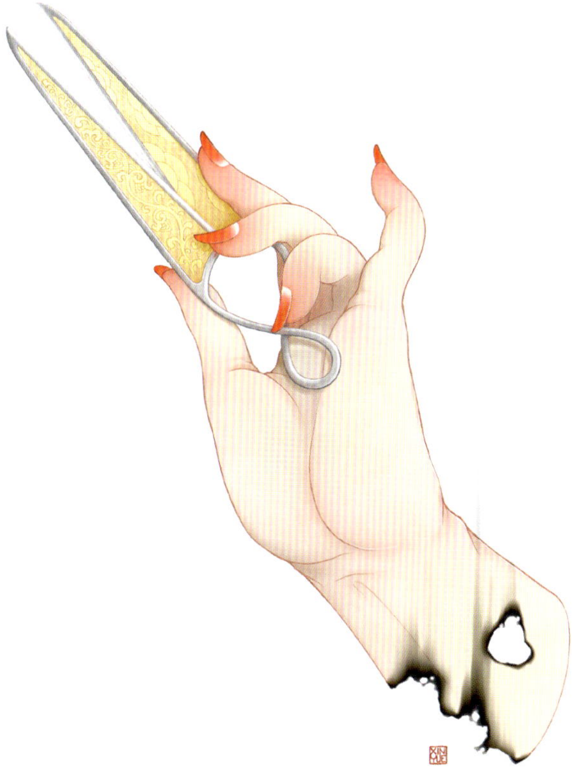

頒布禁令之後，女性著裝雖略有收斂，但衣袖寬廣、裙裾曳地的款式仍為大唐女子所喜愛。衣上繪繡印染一簇簇繁複的團花紋樣，其間點綴流雲與飛鳥，長長的帔帛足以繞身幾周。從敦煌壁畫中所描繪的晚唐貴族女性供養人所著的衣裝來看，在女子們開敞的胸前，還多了層層疊疊的項鍊裝飾。

花團錦簇·其二

晚唐少女

雲髻花釵

晚唐的時局動蕩不安，拮据的大唐貴婦以花釵替代禮冠，出席重要場合。這類釵多是成對出現的，鎏金材質，呈薄片狀，其上多鏤空鏨刻花、葉、鳥、蛾等紋樣，細緻生動。許是為了盡可能多地展示首飾，她們綰起的髮髻多梳作平緩的雲形基座，髻前插梳篦，髻上呈放射狀鋪展開數對精美花釵。

花靨滿面

晚唐至五代，貴族女子著盛裝時，除了戴滿頭的花釵，還愛將各式各樣的花鈿與面靨貼於面上做裝飾。她們將絹帛或金箔裁剪成或似飛鶴大雁，或似山巒繁花的小件，背塗魚膠，用時沾濕貼於面頰之上，卸妝時用溫水輕敷便可取下。

盛世残影·其一

自安史之亂後持續了百餘年的藩鎮割據，終結了李唐王朝的統治。但在女子的衣裙之上，大唐盛世的繁華仍未退去。

亂世中，女子雖然很少再滿頭插戴華麗的首飾，但她們寬大的裙裾拖在身後仍可達數尺，裙下搭配繡花抹胸流行起來。抹胸一半露出裙腰，圍在胸前；一半藏在裙下，與裙子一同由腰帶束緊。這樣的穿法，讓本就寬大的衣裙更加富有層次感。

盛世残影·其二

在十國中偏安一隅的南唐，貴族女子間流行將雙眉高畫於額際，眉間貼小小花子，在面上微微灑以金粉，這種妝容名為「北苑妝」。女子如傳世名畫《簪花仕女圖》中所繪的美人，頭梳誇張的高髻，身穿薄透的廣袖衣衫，胸下的身軀隱在色澤穠麗的長裙中。這樣「隱」與「顯」的糅合，形成一種極具特色的宮廷時裝風格。

盛裝

后妃命妇

親蠶鞠衣

唐代后妃命婦的禮服制度承襲隋代，相關法典中注明，皇后頭戴由大小花樹、寶鈿、兩側博鬢構成的「花十二樹」禮服冠，身著深青色「禕衣」，衣上織十二等翟鳥，並搭配素紗中單、蔽膝、大帶、青襪舄、白玉雙佩、玄組雙大綬等，它們一併組成皇后出席受冊、助祭、朝會等重大禮儀場合所穿的最高規格禮服。而在由皇后主持的「從蠶」禮上，皇后則會將禕衣換成淡黃色的「鞠衣」作為親蠶服。

同樣，在這類重大場合，皇太子妃戴「花九樹」禮冠，身著織有九等翟鳥的青色「褕翟」，其餘構件則與皇后所用的類似。

命婦泛指被國家授予封號的女性。唐代五品以上的內外命婦，遇到重大場合，同樣會穿青色的「翟衣」。翟衣多為紗羅材質，其上的翟鳥為刺繡；頭飾為博鬢、寶鈿、花釵，花釵上的花樹數量也隨命婦的品級遞減。這類服飾除了用於受冊、從蠶、朝會等場合，也可作為外命婦出嫁時的嫁衣。

如果禕衣、鞠衣、翟衣是最高規格的禮服，那麼「鈿釵禮衣」則作為稍次一級的禮服，被用於皇后宴會賓客，內命婦尋常參見，外命婦朝參、辭見、禮會等相對次要的場合。禮服的顏色可用雜色，但頭上的「鈿釵」的數量仍體現出穿著者品級的高低。

女官入朝

唐代的女官制度承襲隋代，後確立了六局二十四司的女官系統，是後宮的樞紐，其職責主要分為文書處理、贊相禮儀、生活管理、督責懲罰四大類。隨著女主武則天代唐立周，原本只服務於後宮的女官也逐漸在前朝嶄露頭角，影響朝局走向。最為出名的莫過於「天性韶警，善文章」的上官婉兒，有「巾幗宰相」之稱。

武周女官

依唐禮，官員入朝參見，需穿戴符合禮儀的衣冠，文官使用冠上有梁隆起的「進賢冠」，武官則使用正面有鳥形裝飾的「武弁」。武周時期的女官服制度雖已不見於文字記載，但通過留存下來的石刻壁畫，可以大膽推測出當時女官的冠飾有效仿男性文武官員官服制式的痕跡，配合盛裝的玉佩組、瓔珞流蘇，從腰際垂掛至裙邊，琳琅滿目。

但隨著上官婉兒被李隆基下令處死，在朝堂上攪動風雲的女官退回內庭，之後更鮮少再與男性比肩而立。

盛唐女官

晚唐女官

宗室貴女

武則天血洗李唐宗室時倖免於難的嗣舒王李津，在景雲二年（公元七一一年）迎來了他的二女兒，取名「李倕」。可惜的是，開元二十四年（公元七三六年），李倕因難產結束了她短短二十五年的生命。二〇〇一年，李倕墓於西安被發現，其隨葬品亦陸續被發掘，巧奪天工的纏枝飛鳥形金飾上鑲嵌的珍珠、瑪瑙、綠松石、螺鈿、水晶雖已散落入泥，但開元的盛世氣象仍令世人驚嘆。

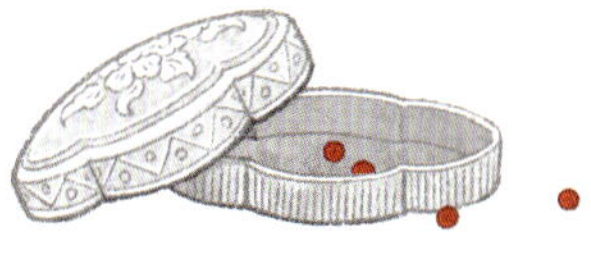

唐人的婚禮舉行於黃昏，步驟很多，其中以「催妝」「卻扇」兩個環節最有特色。催妝，指夫家迎親時，在新娘家門前高聲呼叫，吟誦「催妝詩」，催促新娘快些妝扮好，出門登上喜車。待新郎好不容易將新娘迎回自家，仍有侍娘擎著行幛將新娘身影遮住，新郎須吟誦「去行座幛詩」，將新娘請出幛。但此時新娘的面龐依舊隱在團扇之後，新郎還得再吟誦「卻扇詩」，新娘才會將團扇移開，露出面容來。

作為三元之首的上元節，是唐代最重要的節日之一，上元燃燈的習俗也讓長安變成一座不夜城。僅次於長安，敦煌一年一度的燃燈儀式也非常隆重。正月十五日當天，成百上千座樹形燈輪被點燃，全城民眾一同會聚於莫高窟，焚香設供，燃燈祈福。不同於長安，敦煌的燃燈活動既有法會的莊嚴肅穆氛圍，也有全民同樂的喜慶歡愉氣氛。

男裝與胡服

幞頭宮人

在大唐，女性著男裝可能起源於宮廷中的侍女。

在宮廷中，「袍褲宮人」與「裹頭內人」都是執雜役的宮女，日常勞作中為了方便行動，上著簡便的圓領袍搭配幞頭，下著長褲，便成為她們不錯的選擇。

有時，愛美的宮人也以一種折衷的態度混搭穿著，在妝容和髮型方面凸顯女性特徵，穿著彩色條紋褲，挽起的褲口下露出精緻的線鞋或錦靴。

侍女便裝・其二

大唐女子著男裝縱馬馳騁的英姿也是這個輝煌王朝的一個標誌性符號。但其實在風氣相對保守的唐初，身分貴重的女性並不十分青睞男裝。

在一場高宗舉行的家宴上，愛女太平公主著一身男士紫衫出場，頭戴皂羅幞頭，腰繫玉帶，佩「蹀躞七事」[1]。這一裝扮引得帝后發笑，便問公主為何如此打扮。原來，這是公主想藉機求賜駙馬，祈請帝后將這套裝扮賜給她心儀的郎君。因此，太平公主也開啓了貴族女性穿著男裝的時尚潮流。

[1] 蹀躞七事：蹀躞帶上懸掛的佩刀、刀子、礪石、契苾真、噦厥、針筒、火石。

女主稱帝，大唐女性的地位也隨之大幅提升。貴族女子時常能參與一些原只屬男子的娛樂活動，如出遊、騎射、狩獵、打馬球等。這些活動大多要求著裝簡便，易於活動，著男裝便成為女子的不二之選。除了使用色彩豔麗的衣料，如同男子一樣褪下一半袍袖，露出袍下華麗半臂的穿法，也為紅顏增添了大唐特有的英武之氣。

擊鞠

梳妆

賞雪

投壺

胡風盛行·其一

自初唐起，「胡風」作為一種潮流在大唐蔓延開來。著胡袍、戴胡帽，這種風尚在盛唐時被推到極致。翻領窄袖的胡服、尖頂卷檐的胡帽，也受到大唐時髦女子的喜愛。她們用華麗的錦繡織物製作衣帽，帽上或裝飾珠寶，或以毛皮鑲邊，充滿異域風情。

安史之亂後，因社會動蕩而變得敏感脆弱的中原人將穿胡服、戴胡帽視作「服妖」，便漸漸摒棄它們，不再穿用了。

胡風盛行·其二

金銀錢幣

南北朝時期，粟特商人使用的拜占庭金幣和波斯薩珊朝銀幣隨著絲綢之路上的貿易繁榮大量流入中原。到了隋唐時期，這些壓印著王像與銘文的錢幣似乎不僅被用於商業貿易中，在西安發現的隋朝李靜訓墓和在太原金勝村發現的唐墓等墓葬中，都有邊緣打有小孔的金銀錢幣。學者推測，打孔後的錢幣可能曾被縫在衣服或帽子上作為裝飾品，或用線穿成佩飾。

駱駝商隊

公元七世紀至八世紀，大唐可謂歐亞大陸上最顯赫的王朝。絲綢之路上，駱駝商隊絡繹不絕。大唐國內織造的絲綢是胡商往來販運的重要商品，同時大量來自異域的奇珍異寶也由駝隊源源不斷地運入長安，商人們帶來的珠寶、香料、染料等也是大唐女子時尚飾物的重要組成部分。

回鶻公主

回鶻，又稱回紇，是長期與唐共存的西北遊牧民族。《舊唐書．回紇傳》記載，回鶻上層女性的衣裝「通裾大襦，皆茜色，金飾冠如角前指」。從敦煌壁畫中的回鶻女供養人來看，頭戴綴滿寶石的桃形金冠，身穿翻領窄袖長袍，衣領與袖端都有繁複的金繡紋飾，是她們的衣裝特色。大唐與回鶻間的貿易往來頻繁，盛唐以後，幾位大唐的公主也遠嫁回鶻可汗，因此回鶻女子的時尚偶爾也會反向影響中原。

勞作衣裝

除了悠閒的貴族女性，平日裡需要勞作的大唐民間女子也緊跟時尚潮流，梳頭也用時興的髮髻式樣。晚唐時，從吐蕃傳來的「瑟瑟花髻」搭配半臂，幹練可愛，是少女們勞作時的常見打扮。

卷二

遊

出行

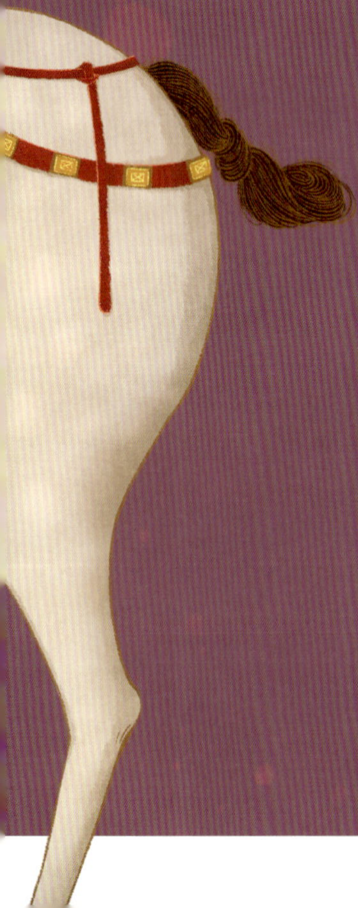

冪籬帷帽・其一

初唐女子外出時，常佩戴「冪籬」。「冪」即「幕」，指帽上垂下的幕簾。「籬」指用竹條編成的帽子，綴帽檐一周的幕簾長垂，可遮蔽全身。冪籬起源於西北邊地，最初作為防風沙和遮陽的實用工具，男女皆可使用。北朝時期，冪籬傳入中原，逐漸演變為專供女子外出使用的飾品。起初，垂下的幕簾幾乎是不透明的，可以將身形完全掩蔽其中。

麟德二年娘子遊春

冪籬帷帽・其二

隨著唐代社會風氣的逐步開放，冪籬也漸漸發生了變化，垂幕變作薄透的輕紗，長度也不斷縮短。高宗時期，紗幕淺垂只到頸部的「帷帽」廣泛流行，女子戴這種帽子出行，曾一度被朝廷視作傷風敗俗、輕率失禮的行為。朝廷甚至下令嚴禁此行。但隨著女主時代的到來，約束女性行為的禁令早已形同虛設，花樣百出的帷帽早已成為大唐女子的又一件時尚單品。花顏於幕後時隱時現，別有風情。更有甚者直接去掉紗幕，以紗巾裹頭後戴笠帽出行。

皂羅風帽

笠帽娘子

靚妝騎行

帷帽在中宗朝幾乎已被棄用。玄宗開元初年，騎馬出遊的女子只戴風帽，面部不加任何遮蔽，敢於大膽地以靚妝露面，「桃花馬上石榴裙」便是詩人對此情景的讚美。

盛唐時，在「靚妝露髻」出行風氣的流行下，大唐女子更是開始了一場場騎在馬上的時裝秀，楊貴妃的姊妹便是其中的佼佼者。天寶年間，玄宗駕幸華清宮，貴妃姊妹就曾「競購名馬，以黃金為銜籠，組繡為障泥」。一時間，品種珍異的馬匹、精巧貴重的馬具也成為貴婦人間相互攀比的工具。

長檐牛車

除了騾馬、肩輿、步輦，牲畜拉的車也是唐代上流社會的女子出行時愛用的代步工具，其中以牛拉的「犢車」最為流行。牛車代步的流行源於南朝，江南一帶牛多馬少，馬匹多作為貴重的戰爭物資使用，耕牛便替代馬匹用來駕車。牛車的速度較馬車雖慢，但也更為平穩舒適，因此貴族也多愛用牛車，並將其使用納入禮儀制度中。

這類牛車的結構為大輪長轅、低欄車輿，乘坐者從車廂後部上下。其內部寬敞舒適，外部塗裝華麗，車頂特意製作成出檐的捲篷，因此也被稱作「長檐牛車」。車頂與兩側有撐桿，用於掛起幔帳，可變作「施幰牛車」。

保暖之衣·其一

寒冷時節出行，大唐女子的禦寒好物也多種多樣。

「包髻」：為了應對西北地區多風沙的環境，她們將髮髻綰好後，再將各色絹帛包裹於髮髻上，兼具防塵與美觀之效。

「耳衣」：用布料或皮革製成的圓形耳套，掛在耳上，外圍用皮草裝飾，耳套上垂下的飄帶在下頷處繫結，可讓耳套更貼合皮膚，阻擋寒風的侵襲。

瑟瑟風中，愛美的唐代女子會在飄逸的衣裙外，將厚實的織錦圓領袍鬆鬆地披垂在肩上，前襟敞開，不攏衣袖，保暖且時尚。這類外套被稱為「披袍」或「暖子」。傳說，唐朝皇室內庫中曾藏有兩件以金錦裁製的奢華暖子，正是唐玄宗與楊貴妃駕幸驪山溫泉時所穿。

遊樂

狩獵

狩獵是唐代貴族熱愛的一項團體活動，被視為品格高尚勇敢的象徵，貴族婦女也常參與其中。英姿颯爽的娘子身著男裝，帶上愛犬或猞猁，策馬張弓，獵鹿而歸。她們的射獵技術絲毫不遜於男子，就連面見君王也如同行男子一般行禮。

獵師

胡人獵師，多是隨著外邦進貢的助獵動物一併被送來的「貢人」，或是為謀生而從關外移民入唐的「蕃口」。狩獵場上的胡人女獵師也是一道亮麗的風景，她們作為陪侍狩獵的隨從跟在貴婦人身後，可駕鷹，會馴犬。更有厲害的女獵師可以馴豹子，用以輔助狩獵。獵師們專業高超的訓練技藝也將唐代貴族的狩獵之風推向興盛。

鬥雞

唐代之前，鬥雞僅流行於宮廷皇室與貴族之間，而唐人對鬥雞的狂熱，則使這一娛樂活動在社會各個階層中流行。唐代的鬥雞活動從清明節開始，一直持續到夏至，上自天子，下到庶民，都愛鬥雞。被後人戲稱為「鬥雞皇帝」的玄宗甚至專門設立了養鬥雞的「雞坊」，常與後宮妃嬪舉行「鬥雞盛宴」。平日裡，宮中女子也樂意借鬥雞開一場賭局，以打發閒暇寂寞的時光。

半仙之戲

秋千，唐時多寫作「鞦韆」，是雙手揪著皮革繩索遷移的活動，在唐代宮廷中亦被稱作「半仙戲」。相傳此名為玄宗所取，五代王仁裕曾在其筆記《開元天寶遺事》中記載：「天寶宮中，至寒食節，競豎鞦韆，令宮嬪輩戲笑以為宴樂。帝呼為半仙之戲，都中士民因而呼之。」據此想像，楊貴妃也曾靚妝美服，高高立於鞦韆架上，她的衣襟隨鞦韆擺動，搖曳風中，此情此景被玄宗看在眼裡。楊貴妃正如仙子臨凡一般，亦真亦幻。

弈棋

唐人所說的「棋」或「棋局」，狹義上指圍棋，是一種傳統的雙人對戰策略遊戲。圍棋在唐代的對外文化交往中得到大力發展，隨後傳入日本。

在唐代，下圍棋受到女性的喜愛，新疆曾出土唐代絹畫《弈棋仕女圖》，透過圖中描繪的女子下棋的生活場景，可見當時女子弈棋之風的流行。後宮中，還設有負責教宮人下棋的「棋博士」之職，圍棋也成為后妃宮人排解寂寞的重要娛樂工具，常被詩人美稱為「宮棋」。

打雙陸

唐代雙陸是一種類似賭博的棋類遊戲，也有「握槊」「長行」「雙六」等名稱，是以印度傳入的婆羅塞戲為基礎改造而來的。雙陸棋子黑白各十五枚，兩人相博，擲骰子按點行棋。

雙陸在唐代風靡一時，就連武則天也十分愛玩。唐代李肇所著《唐國史補》中記載，武則天夢見與大羅天女打雙陸，但頻頻輸給天女，不能取勝，便召來臣下詢問緣故。狄仁傑借機以雙關語勸諫道：「雙陸不勝，無子也。」武則天聽出其言外之意，這才將被貶斥為廬陵王的李顯召回，重新立為太子。

打馬球

打馬球又稱「擊鞠」，學者普遍認為馬球的歷史可追溯到公元前六〇〇年左右的波斯，隨後傳入亞洲多國。馬球大如拳，用木料製成，內部挖空，外有塗色或其他裝飾。球杖長數尺，擊球一端形如彎月，故名「月杖」。擊球者手執球杖，在封閉的場地內騎馬奔馳，以杖擊球。競賽時，賽場上立起球門，兩支隊伍在限定時間內擊球，入門次數多的一方得勝。

打馬球在唐朝貴族中風行，卻並不只是男子的專屬運動。端午前後，貴族女子便常組織馬球競賽。不愛在馬上激烈對抗的女子也可選擇徒步擊球的玩法，被稱為「步打」。

鬥百草

在唐代，端午時節「鬥百草」的遊戲是女性與兒童的最愛。鬥百草分為「武鬥」與「文鬥」。兒童常愛玩「武鬥」，即雙方各持花草莖互套，拉扯角力，花草莖先斷者輸；而女子更愛「文鬥」，以採集的花卉品種多少來定勝負。李白在《清平樂》中道：「禁庭春晝，鶯羽披新繡。百草巧求花下鬥，只賭珠璣滿斗。」可見鬥草之戲在後宮女子中也頗受歡迎。

飲饌

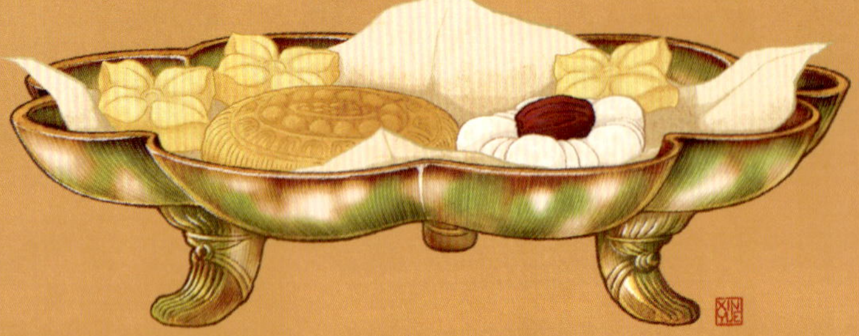

唐人的「餜子」，類似如今的點心，而唐人所說的「點心」，則更像是一個動詞，有在吃正餐以前墊墊肚子充飢的意思。出自大唐女子巧手的餜子多為麵食，造型五花八門，蒸、烤、煮、炸皆有。除了充飢，餜子也可作為宴會正餐上的增色點綴。保留至今的一張唐朝「燒尾宴」[1]食單中，就有不少精巧的餅點、小食名目。在唐代，每到歲時節慶，也有製作應節餜子的風俗，如二月二的迎富貴餜子、七月七的乞巧餜子等。

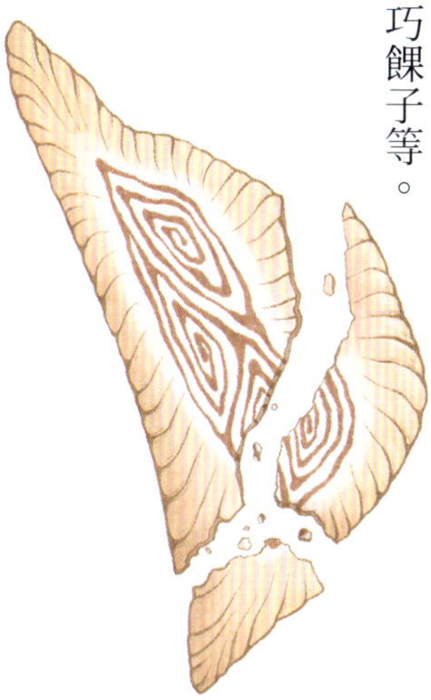

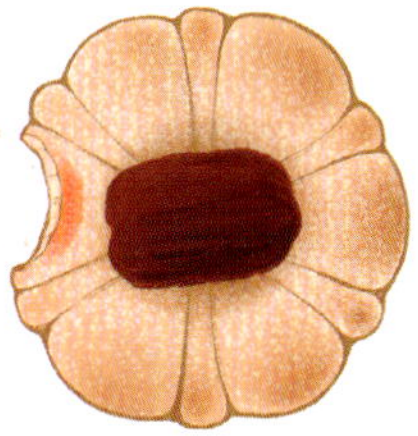

[1] 燒尾宴：古代名宴，專指為士子登科或官位升遷而舉行的宴會，盛行於唐代，是中國歡慶宴的典型代表之一。

XIN YUE

初唐前期，大唐的西域葡萄多來源於絲綢之路的貿易所得，是稀罕的寶貝。太宗平定東突厥後，高昌特產馬乳葡萄被引入中原，鍾愛飲用葡萄酒的太宗也親自參與種植葡萄與釀酒的工作，酒釀成後賜予群臣品嘗。從此，芳香酷烈的葡萄美酒從宮廷中傳入民間。長安酒肆遍地，其中賣酒的侍者多為胡人女子，故稱「胡姬酒肆」。

柿子是一種古老的植物，有人認為其原產於中國西南地區。長沙馬王堆漢墓中曾發現柿核，證明了早在漢代，柿子已被栽培與食用。柿子從樹到果都被唐人所喜愛，段成式在《酉陽雜俎》中曾大讚柿樹有七絕：「一壽，二多陰，三無鳥巢，四無蟲，五霜葉可玩，六嘉實，七落葉肥大。」霜降後，長安郊外的柿子樹上果實紅如火球，市集上新摘下的柿子剛剛碼放好，喜甜的姑娘們自然不會錯過。

石榴，或稱「安石榴」「丹若」，相傳西漢時由張騫從安息國引入中原。

唐朝人愛賞石榴花，喜食石榴果。石榴花紅豔，常被用於形容女子的紅裙；石榴果飽滿多子，自然也具有吉祥的寓意。玄宗為討喜愛石榴花的楊貴妃歡心，曾在華清宮等地遍種石榴，待到花開之際，便將宴席擺在熾熱火紅的石榴花叢中，與愛妃歡飲。

荔枝本產自嶺南，卻令北方都城的貴族男女為之痴狂。杜牧的一句「一騎紅塵妃子笑，無人知是荔枝來」，讓世人將大唐的荔枝與楊貴妃緊緊聯繫起來。都說荔枝「若離本枝，一日而色變，二日而香變，三日而味變，四五日外，色香味盡去矣」，而備受玄宗寵愛的楊貴妃卻常能吃到色味不變的鮮荔枝，這皆得益於玄宗為她修建的一條橫跨千里的專用「荔枝道」。也許正因楊貴妃嗜甜，愛吃荔枝，她患有蛀牙的事也在民間流傳開來。

春日，粉白的櫻桃花盛開，構成春日盛景，在大唐才子的詩句中被反覆吟誦。初夏，第一批成熟的櫻桃果實被皇帝賜予近臣嘗鮮。慶賀進士及第的「曲江宴」正擺在櫻桃成熟的季節，宴席上必定擺放當季的櫻桃，因此又名「櫻桃宴」。段成式在《酉陽雜俎·酒食》中記錄「韓約能作櫻桃，其色不變」的秘技，想必也時刻挑動著唐人的味蕾。

「酥」是一種乳製品，由北方遊牧民族傳入中原。炎炎夏日，侍女們將酥加熱至融化，拌入蜂蜜或蔗漿。冷卻後，半凝固的酥在盤中層層滴淋成山巒的形狀，最後放入冰窖冷藏定形，變成一座座晶瑩如雪、巍峨多姿的「酥山」。取出食用前，在「山」上插滿花草裝飾，以求達成視覺與味覺的雙重享受。在唐代，夏日存冰必定不是普通人能做到的，享用酥山自然也是皇親貴胄的特權。

螃蟹

周成王時期，御膳中已有螃蟹，稱為「胥」，是一種把蟹搗爛後加鹽和酒醃漬而成的蟹醬。隨著烹飪技術的發展，產自江南水澤的優質成蟹作為貢品被擺上了隋唐皇室的餐桌，成為皇室貴族鍾愛的美味。霜降前後，螃蟹成熟，肉厚膏肥，配上美酒與菊花，重陽節的宮宴就準備妥當了。登高遠眺的中宗李顯曾為詩作序云：「陶潛盈把，既浮九醞之歡；畢卓持螯，須盡一生之興。」

使用茶碾將茶磚碾成粉末，與適量的鹽、薑、蔥等作料一同放入茶鍋中煮開，這是唐代主流的飲茶方式。

人們常把唐代飲茶文化的興盛與佛教禪宗的發展聯繫在一起。僧人過午不食，閉目靜思又極易犯睏，因此坐禪時唯獨允許飲茶，有提神醒腦的作用。唐中期以後，伴隨著佛教的發展，人們也開始效仿僧人煮飲茶葉，飲茶漸漸成為一種日常習慣。唐代茶學家陸羽所著《茶經》，從茶的起源、採摘、製作、煎煮方法、使用器具、飲用方式等多方面細化了唐代的飲茶文化，備受後世推崇。

樂舞

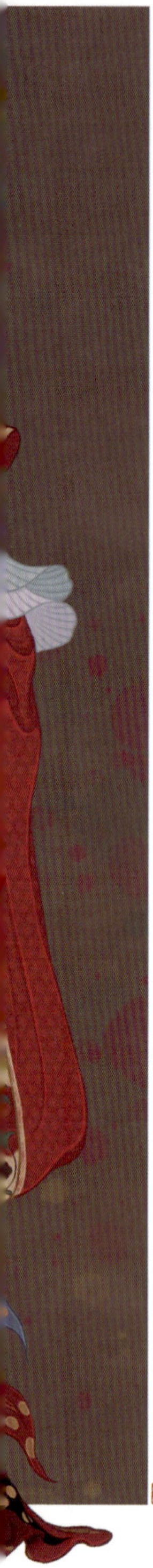

唐朝的宮廷樂舞分為坐部伎與立部伎兩大類，合稱「二部伎」，每部均由樂工與舞伎組成。據《新唐書·禮樂志》記載，堂上坐奏者稱為坐部伎，堂下立奏者稱為立部伎。其中坐部伎在室內堂上演出，規模較小，表演的舞曲優雅典麗，而立部伎則在堂下或室外表演場面宏大的舞蹈雜技。二部表演的曲目較為固定，大多是經歷了太宗、高宗、武則天、玄宗四朝的保留曲目。

大唐女子圖鑑

據《舊唐書．音樂志》記載，坐部伎的保留樂曲之一《鳥歌萬歲樂》為女皇所作。武則天因宮中飼養的八哥能說人言，且時常說「萬歲」，便以此為靈感作此曲。表演時，舞伎三人會戴著鳥形的頭冠，隨著音樂模擬不同鳥類的動作翩翩起舞。後來，玄宗所作立部伎《光聖樂》中的八十名舞者也會戴鳥冠表演。

XIN
YUE

位於大唐都城長安的梨園，原本是皇家禁苑中的一所果木園，常作為貴族宴飲遊樂的場所。《新唐書．禮樂志》記載：「玄宗既知音律，又酷愛法曲，選坐部伎子弟三百人教於梨園，聲有誤者，帝必覺而正之，號『皇帝梨園弟子』。」從此，梨園成為專門訓練宮廷樂伎的教坊。這也是戲曲班子別稱「梨園」的起源。

劍器舞

《劍器》為舞曲名，舞者表演時持劍起舞，舞姿矯健，有剛烈之氣。開元年間的舞伎公孫氏是大唐劍舞第一人，她舞的《西河》與《渾脫》在當時無人能及。暮年的杜甫曾在觀看公孫大娘弟子的表演後，憶起年少時曾在郾城看過公孫大娘的劍舞，形容她起舞時如「雷霆收震怒」，收舞時如「江海凝清光」，飄逸流暢，節奏明朗，使觀者震撼非常。

《霓裳羽衣曲》，又名《霓裳羽衣舞》。據《唐會要》記載，此曲由玄宗於天寶十三載（公元七五四年）根據印度《婆羅門曲》改編而來。傳說全曲描述了玄宗夢遊月宮偶遇仙女的奇幻故事。作為玄宗的得意之作，曲成後便常於宮中表演，由擅舞的楊貴妃為曲伴舞。

《霓裳羽衣曲》的曲譜毀於安史之亂中。南唐時期，後主李煜偶得殘譜，與昭惠皇后和樂師曹生一同將其補綴成曲，於後宮演奏，卻終難得原曲的意境。金陵城破時，曲譜也被李煜下令燒毀了。

康國的胡旋舞、石國的胡騰舞與柘枝舞，是大唐廣為流行的西域三大樂舞，也是外來樂舞文化與中原傳統樂舞文化融合的體現。同為表演健舞，表演胡旋舞與柘枝舞的舞伎多為女子。胡旋舞的表演重點在飛速旋轉，而柘枝舞的表演重點則在腰肢柔軟，眼神嫵媚動人。多為男子獨舞的胡騰舞則強調蹬、踏、跳、騰，風格更加奔放豪邁。

阮咸

阮，又名阮咸，是一種古老的中國傳統撥弦樂器。唐代以前，此種樂器被稱為「秦琵琶」或「秦漢子」。隋唐時期，龜茲的梨形曲項琵琶傳入中原，並逐漸成為舞樂表演中使用的主要樂器，佔用了「琵琶」這一名稱。唐人便以西晉「竹林七賢」中擅長演奏阮這種樂器的阮咸的名字重新命名它。至此，大唐的琵琶與阮向著不同的方向發展。現今日本正倉院中仍保存著兩面大唐東傳的阮咸，一面是「紫檀螺鈿阮咸」，一面是「桑木阮咸」。

大唐女子的傳奇故事圖鑑

卷三

夢

梅花鈿

女子在面上點綴花鈿裝飾的歷史可追溯到春秋戰國時期，並在唐代達到鼎盛。花鈿在唐代發展出了或簡或繁多種花樣，其中以「梅花鈿」來源最為傳奇。

宋代人編撰的《太平御覽》中記載，梅花形狀花鈿裝飾的流行源於南朝宋武帝之女壽陽公主。初春時節，恰有一朵梅花飄落在熟睡公主的額頭上，印出五瓣花形，經三日才得以洗落，宮女們對此大感驚奇，爭相仿效，「梅花鈿」隨即流行開來。

而另一個說法則與上官婉兒有關。唐人段成式在《酉陽雜俎》中記載，上官婉兒為了遮擋被女皇用甲刀刺中眉心留下的疤痕，用梅花鈿貼額，才使得用花鈿貼面裝飾在大唐流行起來。

引蝶

五代王仁裕所著《開元天寶遺事》中有一則《蜂蝶相隨》的故事，傳說都城長安有一名姬楚蓮香，國色無雙，引得貴門公子爭相求見。楚蓮香每次出現，周身香氣充溢，行動處引來蜂蝶相隨。

女子如花，不憎蜂蝶之戲。開元末年，痛失武惠妃的玄宗倍感寂寞，隨即發明了一個遊戲，叫作「隨蝶所幸」。每到春日，讓宮宴上的嬪妃將豔麗芬芳的花朵插在髻上，皇帝親手放出一隻粉蝶，粉蝶停誰頭上，皇帝當晚就臨幸誰。

傾國美人，總有香氣隨身。大唐女子對香無限熱愛。香味，除了來自鮮花，也可以通過調配、焚燒珍稀的香料來獲得，更有服食香料的極端做法。唐人蘇鶚的《杜陽雜編》中記載，權相元載的寵姬薛瑤英因從小食用香料，身上常有一股奇香。

大唐建國，李唐皇室自詡為老子後人，尊奉道教為國教。開元年間，唐代的道觀中約有三分之一為女道觀。也許為了追求自由，也許為了追求獨立，許多貴族出身的女性選擇成為女道士。大唐的世俗女子日常不戴冠，只有女道士戴蓮花形頭冠，因此女道士也被稱作「女冠」。

天寶初年，玄宗看中了兒媳壽王妃楊氏，為避免世人議論，他以為母親竇太后祈福為名，將楊氏度為宮中道觀的女道士，賜道號「太真」。天寶四載（公元七四五年），為太后祈福的期限剛滿，玄宗便迫不及待地將這位女道士封為了貴妃。

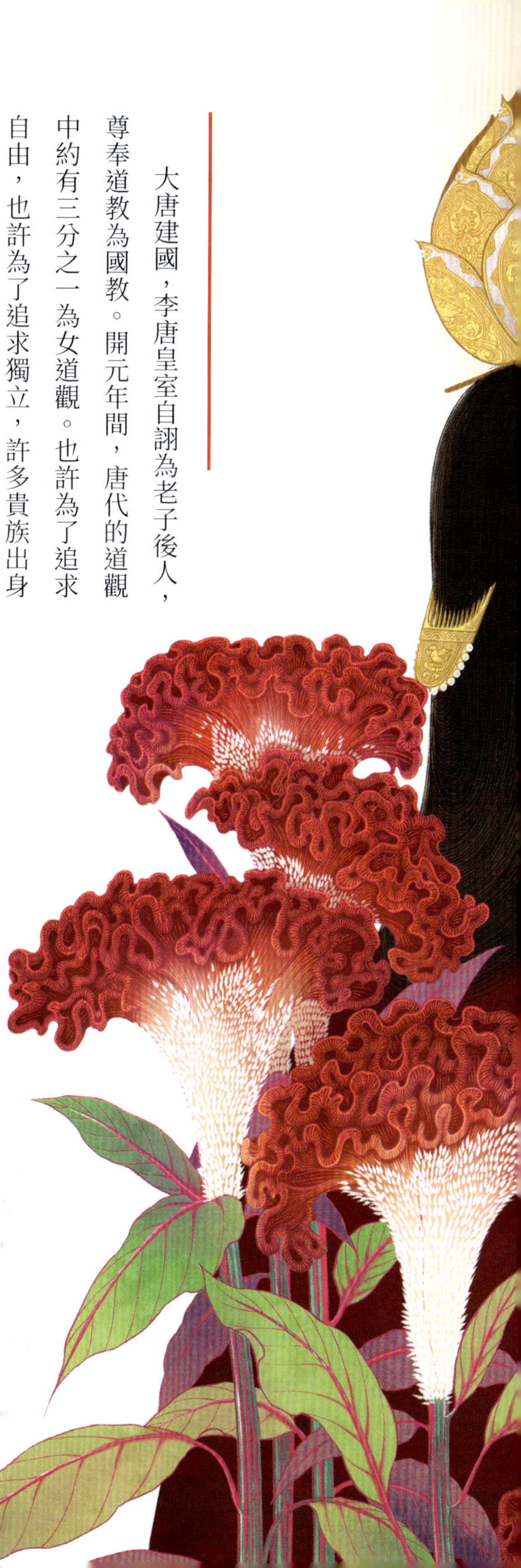

關於絕代佳人楊貴妃是如何被玄宗選中的，史書都以含糊的言辭一筆帶過了。但唐人陳鴻所撰《長恨歌傳》描述了楊貴妃從進入壽王府邸到入宮，最終縊死於馬嵬坡的始末。將其與同時期詩人白居易作的《長恨歌》一同賞析，更為這場流傳千古的愛情悲劇增添了許多戲劇色彩。

據書中所寫，驪山溫泉宮便是玄宗與貴妃初見的地方，從此「六宮粉黛無顏色」。出浴的貴妃「體弱力微，若不任羅綺。光彩煥發，轉動照人」。對貴妃寵愛至極的玄宗更將華清宮的「海棠湯」賜予貴妃專享。天寶後期，怠政的玄宗沉醉在奢靡的後宮生活中，就連安史之亂爆發時，他和貴妃仍在泡溫泉。

貴妃紅汗

《開元天寶遺事》中記載：「貴妃每至夏月，常衣輕綃，使侍兒交扇鼓風，猶不解其熱。每有汗出，紅膩而多香，或拭之於巾帕之上，其色如桃紅也。」

體態豐腴的楊貴妃最怕炎炎夏日，侍女再賣力搧扇，混雜著胭脂與香氣的紅色汗水也仍然浸透了絹帕。貴妃的「酒暈妝」讓其兩頰緋紅，似醉酒後泛起的紅暈，汗水流過胭脂，也變成了桃紅色。

後世流傳一種名為「太真紅玉膏」的化妝品，配方中以去皮的杏仁加滑石、輕粉等研作細末，蒸後混合少許龍腦、麝香，再用蛋清調勻成膏狀，洗面後敷上，便有令面色紅潤，富有光澤，十日後面如紅玉一般的神奇功效。

瑞龍腦

唐人愛香，其精湛的調香技術可使香氣長久不散。《酉陽雜俎》中記載了一則與奇香有關的故事。

天寶末年，交趾國向大唐進貢了一種瑩白如冰、形狀像蟬或蠶的神奇香料「瑞龍腦」。香料生長於老龍腦樹節上，極為珍稀。玄宗獨賜楊貴妃十枚。熏過「瑞龍腦」，距離十餘步，仍能聞見香氣。

某年夏日，玄宗與親王相約下棋，長安第一琵琶名手賀懷智受命在旁奏樂助興，貴妃也從旁觀戰。眼看陛下要輸了，機智的貴妃故意放開懷中小狗，小狗跳上棋盤，攪亂棋局，博得了玄宗的歡心。不料此時一陣風吹落了貴妃脖子上的披巾，落在賀懷智的幞頭上，過了好一會兒才落下。賀懷智回到家中，仍覺滿身香氣非常，便將那頂被貴妃披巾上香氣拂過的幞頭摘下，藏入錦囊之中。

轉眼戰亂起，貴妃魂斷馬嵬坡。輾轉回京的玄宗退位成為太上皇，愈發思念已逝的佳人。這時賀懷智將當年收藏幞頭的錦囊呈上，玄宗打開一看，便感傷落淚道：這是貴妃常用瑞龍腦的香氣啊！

香囊仍在

楊貴妃香消玉殞於馬嵬驛，成了天子諉過的犧牲品，也將她與玄宗愛情悲劇的結局推向高潮。《舊唐書・楊貴妃傳》中記載，安史之亂平定後，玄宗自蜀地重返長安，已成為太上皇的他仍念舊情，但唯恐群臣猜忌，只得秘密派人遷葬貴妃。派去的人挖開舊塚，只見「初瘞時，以紫褥裹之，肌膚已壞，而香囊仍在」。年邁的玄宗從高力士手中接過那枚曾見證他與貴妃舊日歡愛的香囊，感慨萬千。

香囊作為貴妃的隨身之物，具體是什麼樣子的呢？唐代僧人慧琳曾在《一切經音義》中記載：「按香囊者，燒香器物也。以銅、鐵、金、銀玲瓏圓作，內有香囊，機關巧智，雖外縱橫圓轉，而內常平，能使不傾。妃后貴人之所用之也。」文中描寫的香囊恰與一九七〇年西安何家村出土的「葡萄花鳥紋銀製香囊」造型一致，「機關巧智」便是指囊內與陀螺儀原理相同的半圓形香盂，晃動時重心保持向下，盂中香料便不易撒落出來。這枚香囊的發現也為現代人想像貴妃的形貌又添實證。

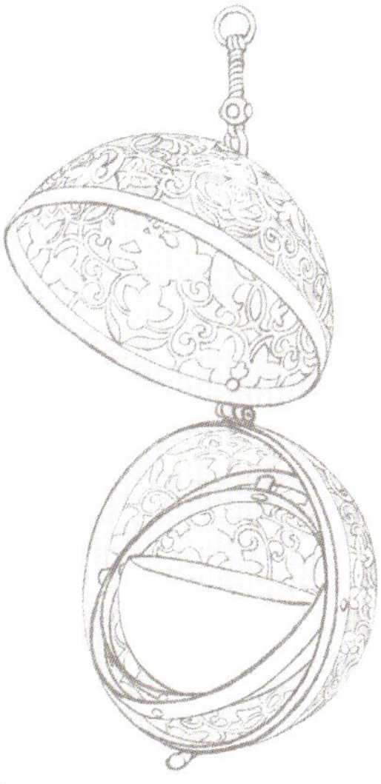

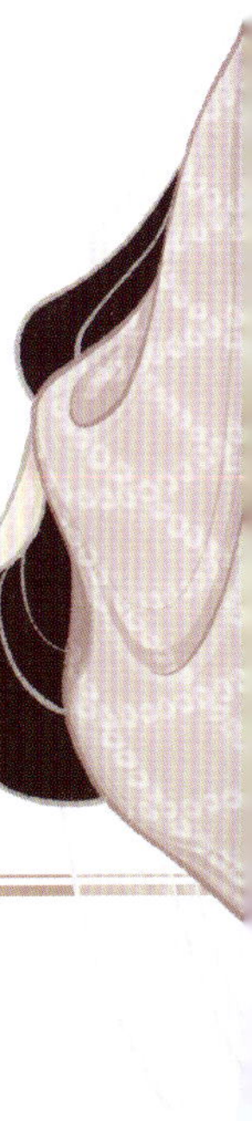

猧子報恩

「猧子」，正是前文提到的攪亂了玄宗棋局的小狗。楊貴妃養的猧子來自位於中亞的康國，形象如今人所說的「哈巴狗」。作為寵物，猧子也常被唐代女子當作親密的閨中玩伴，與人感情深厚，所以關於猧子的傳奇故事也有很多。

唐人牛僧孺撰寫的《玄怪錄》中便有一則猧子報恩的故事。洛州刺史盧頊的表姨盧夫人養的猧子名喚「花子」，夫人對其疼愛有加。不料有一天，花子走失並被人打死。幾個月後，盧夫人也因過度悲傷而去世。來到冥界，夫人因得到一位美人相助，被判官赦免可不死。經美人自述，盧氏才知她是自己曾養的花子所化，現在是判官妾室，如今特來向主人報恩，並求得判官為盧氏延壽，送她重返陽間。最後美人還告訴盧氏自己當年被打死的地點。死而復生的盧夫人立刻按美人所述尋得了愛犬的遺骨，用對待子女的禮儀厚葬了愛犬。事後，花子回到夫人的夢中向她表示了感謝。

鏡之執念

在唐代，銅鏡的鑄造工藝已登峰造極，唐鏡造型多樣，圖案繁麗。美麗的鏡子也讓無數女子痴狂，《廣異記》中便記載著這樣一則故事。

天寶年間，新淦縣丞韋栗的女兒正值荳蔻年華，她隨父親上任途中經過揚州，看中了集市上販賣的一面漆背金花鏡。韋栗因囊中羞澀，拒絕了女兒買鏡子的要求，並答應女兒上任之後再想辦法買給她。一年後，小女兒不幸去世，韋栗也忘記了買鏡子的事。

韋栗任職期滿後，帶著女兒的靈柩返回北方家鄉。途中，他再次經過揚州，將船停靠在河邊。有位帶著婢女的女子拿著錢去市集買鏡子。路人見女子姿色豔麗，像出身富貴人家，爭相要把鏡子賣給她。最後女子從一位白淨的二十多歲的少年手中，以五千銅錢買下了一面漆背金花鏡，這面鏡子的直徑有一尺多。聽到旁邊有人說自己的鏡子比他的好，只要三千錢，少年立即少收了兩千錢，女子因此逗留片刻，與少年眉目傳情。等女子離開後，少年便派人跟在女子身後探其住所。之後少年回到店裡，發現手中的銅錢變成了三貫黃紙，便忙尋女子歸處去理論，尋到的便是韋栗的船。

少年對韋栗說剛剛買鏡子的女子回到了這艘船上，她給的錢變成了紙錢。韋栗說自己只有一個去世多年的女兒，又讓少年形容那位女子的模樣。聽完少年的描述，韋栗夫婦立刻傷心落淚，那女子的模樣正與女兒生前的樣貌一樣。隨後他們領著少年入船查驗，發現女兒靈前供奉的黃紙少了三貫。驚訝的眾人開棺一看，那面漆背金花鏡就在裡面。被觸動的少年決定不要錢了，又捐出一萬錢為女子設齋，做法事。

柳枝

卷三 夢 256

唐代有位娘子，名喚柳枝，是洛陽商人之女。柳枝對容貌妝飾並不感興趣，在音樂方面卻頗有造詣，即使用一片樹葉也能吹奏出動人的樂曲。可她年已十七卻遲遲無人來下聘求娶。

有一日，柳枝因聽見鄰居李讓山吟誦堂弟李商隱的《燕台詩》四首，心動不已，驚問：「誰人有此？誰能為是？」她截斷衣帶，託李讓山贈予作詩之人，並求詩。隔日，柳枝便大膽地與詩人約定三日後在洛水邊相見。但遺憾的是，因為同行的趕考友人捉弄李商隱，將他的行李帶走，李商隱不得不提前離開洛陽，因而錯過了與柳枝的約定。是年冬天，李商隱才從堂兄口中得知，柳枝已嫁他人。

雖然與柳枝無緣再見，但為其作詩的約定李商隱仍牢記於心，五首以「柳枝」命名的詩作一氣呵成，記錄下這一段微妙的情感。詩人將來不及宣洩的情感寄託在詩中，託付李讓山把詩題寫在柳枝故宅的牆壁之上。

比丘尼

自佛教傳入中國，女性出家就成為佛教發展的重要組成部分。在唐代，佛教的發展進入鼎盛期，影響力進一步擴大。皈依佛門的「比丘尼」身分各異，上自皇室宗親，下到平民娼妓，幾乎涵蓋了各個社會階層。

大唐皇宮中設有專門服務於皇室的「內道場」，在內道場中剃髮出家的女性被稱為「內尼」。皇室貴族中雖不乏自幼耳濡目染，主動選擇出家的女子，但失寵的嬪妃、宮人仍成為內尼的主要組成部分。她們在荳蔻年華入宮，但絕大多數只能在人老色衰之際與青燈古佛為伴。其中，最為人熟知的內尼便是曾在感業寺出家的女皇武則天了。

附錄

唐代年號對照表

年號	君主	廟號	起始年（公元）
武德	李淵	高祖	六一八年
貞觀	李世民	太宗	六二七年
永徽			六五〇年
顯慶			六五六年
龍朔			六六一年
麟德			六六四年
乾封			六六六年
總章	李治	高宗	六六八年
咸亨			六七〇年
上元			六七四年
儀鳳			六七六年
調露			六七九年
永隆			六八〇年

年號	君主	廟號	起始年（公元）
開耀			六八一年
永淳	李治	高宗	六八二年
弘道			六八三年
嗣聖	李顯	中宗	六八四年
文明	李旦	睿宗	六八四年
光宅			六八四年
垂拱			六八五年
永昌			六八九年
載初			六九〇年
天授			六九〇年
如意			六九二年
長壽			六九二年
延載			六九四年

年號	君主	廟號	起始年（公元）
證聖			六九五年
天冊萬歲			六九五年
萬歲登封			六九六年
萬歲通天			六九六年
神功	武曌①	大聖則天皇后（諡號）	六九七年
聖曆			六九八年
久視			七〇〇年
大足			七〇一年
長安			七〇一年
神龍			七〇五年
神龍	李顯	中宗	沿用
景龍			七〇七年
唐隆	李重茂	殤帝（諡號）	七一〇年

年號	君主	廟號	起始年（公元）
景雲			七一〇年
太極	李旦	睿宗	七一二年
延和			七一二年
先天			七一二年
開元	李隆基	玄宗	七一三年
天寶			七四二年
至德			七五六年
乾元	李亨	肅宗	七五八年
上元			
寶應			七六二年
寶應			沿用
廣德			七六三年

① 武后稱帝後，改國號為周。——編者注

年號	君主	廟號	起始年（公元）
永泰	李豫	代宗	七六五年
大曆			七六六年
建中			七八〇年
興元	李適	德宗	七八四年
貞元			七八五年
永貞	李誦	順宗	八〇五年
元和	李純	憲宗	八〇六年
長慶	李恆	穆宗	八二一年
寶曆	李湛	敬宗	八二五年
大和	李昂	文宗	八二七年
開成			八三六年
會昌	李炎	武宗	八四一年
大中	李忱	宣宗	八四七年
大中	李漼	懿宗	沿用

年號	君主	廟號	起始年（公元）
咸通	李漼	懿宗	八六〇年
乾符			八七四年
廣明			八八〇年
中和	李儇	僖宗	八八一年
光啟			八八五年
文德			八八八年
龍紀			八八九年
大順			八九〇年
景福			八九二年
乾寧	李曄	昭宗	八九四年
光化			八九八年
天復			九〇一年
天祐			九〇四年
天祐	李柷	哀帝（諡號）	沿用

繪畫參考資料

1. 韓偉、張建林：《陝西新出土唐墓壁畫》，重慶出版社， 1998 年。
2. 周天遊：《唐墓壁畫珍品 · 懿德太子墓壁畫》，文物出版社， 2002 年。
3. 周天遊：《唐墓壁畫珍品 · 章懷太子墓壁畫》，文物出版社， 2002 年。
4. 陝西省考古研究所、陝西歷史博物館、禮泉縣昭陵博物館：《唐新城長公主墓發掘報告》，科學出版社，2004 年。
5. 王自力、孫福喜：《唐金鄉縣主墓》，文物出版社 ，2002 年。
6. 中國陝西省考古研究院、德國美因茨羅馬 - 日耳曼中央博物館：《唐李倕墓：考古發掘、保護修復研究報告》，科學出版社， 2018 年。
7. 韓生：《法門寺文物圖飾》，文物出版社，2009 年。
8. 河北省文物研究所、保定市文物管理處：《五代王處直墓》，文物出版社， 1998 年。
9. 咸陽市文物考古研究所：《五代馮暉墓》，重慶出版社， 2001 年。
10. 常沙娜：《中國敦煌歷代裝飾圖案》，清華大學出版社， 2009 年。
11. 陳詩宇、王非：「大唐衣冠圖志」系列圖文（未出版）。

國家圖書館出版品預行編目資料

大唐女子圖鑑 / 張昕玥編繪
— 初版. — 臺中市：好讀出版有限公司，2025.04
面：公分，—（圖說歷史；64）

1.女性 2.化妝 3.服飾 4.唐代
ISBN 978-986-178-750-3（精裝）

544.592　　114001609

好讀出版

圖說歷史 64

大唐女子圖鑑

編　　繪／張昕玥
總 編 輯／鄧茵茵
責任編輯／鄧語葶、簡綺淇
美術編輯／鄭年亨
發 行 所／好讀出版有限公司
407台中市西屯區工業30路1號
407台中市西屯區大有街13號（編輯部）
TEL: 04-23157795 FAX: 04-23144188
(如對本書編輯或內容有意見，請來電或上網告訴我們)
法律顧問／陳思成律師

填寫線上讀者回函
獲得書訊與優惠券

讀者服務專線／TEL：02-23672044 / 04-23595819#212
讀者傳真專線／FAX：02-23635741 / 04-23595493
讀者專用信箱／E-mail：service@morningstar.com.tw
網路書店／http ： //www.morningstar.com.tw
郵政劃撥／15060393（知己圖書股份有限公司）
印刷／上好印刷股份有限公司
如有破損或裝訂錯誤，請寄回知己圖書更換

初　　版／西元2025年4月15日
定　　價／799元

本作品中文繁體版透過成都天鳶文化傳播有限公司代理，經中南博集天卷文化傳媒有限公司授予好讀出版有限公司獨家出版發行，非經書面同意，不得以任何形式，任意改編、重製和轉載。

Published by How Do Publishing Co., Ltd.
2025 Printed in Taiwan.
All Rights reservesd.
ISBN 978-986-178-750-3